인물로 시작하는 한국사 첫걸음

새로운 조선을 위하여

김해원 글 박현주 그림

스푼북

조선 후기의 계몽 군주, 정조

여러분은 조선의 제22대 임금 정조에 대해서 얼마나 알고 있나요?

세종 대왕이 조선 전기를 대표하는 성군이라면 정조는 조선 후기를 대표하는 개혁 군주예요. 정조의 개혁 정책은 셀 수 없이 많지요.

정조는 할아버지이자 선대왕인 영조의 '탕평책'을 이어받아 실시하는 것은 물론, 능력 있는 인재를 고루 등용했어요. 그중에는 그전까지 신분 차별로 벼슬길에 오를 수 없었던 서얼들도 포함되었답니다.

또한 신하들을 교육해서 백성들을 위한 더 나은 정책을 만들 수 있도록 했어요. 정조는 신하들에게는 스승 같았고 백성들에게는 아버지 같은 왕이었답니다.

정조의 수많은 업적 중에서도 가장 빛나는 업적은 바로 수원 화성을 통해 새로운 조선을 설계하고 실험했다는 것이에요.

정조는 비참하게 죽은 아버지 사도 세자의 명예 회복을 위해 묘소를 옮기면서 수원 지역에 당시의 과학 기술이 집약된 수원 화성을 짓습니다. 정조는 수원 화성을 계획적으로 건설하여 군사와 상업의 새로운 중심지로 만들고자 했어요. 정조의 총애를 받았던 정약용이 수원 화성의 설계와 건축 과정에 큰 역할을 했지요.

아마도 정조가 수원 화성을 통해 이루고자 했던 새로운 조선의 미래는 백성들 모두가 안전하고 편안하게 생업에 힘쓰고 더불어 부강해지는 나라였을 거예요.
　《새로운 조선을 위하여》를 통해 정조가 얼마나 백성을 사랑한 왕이었는지를 여러분이 느낄 수 있기를 바랍니다. 또한 정조가 추진했던 개혁 정책이 가진 의미를 생각해 볼 수 있길 바라요.
　자, 그럼 이제부터 함께 정조의 이야기 속으로 떠나 볼까요?

동화 작가

김 해 원

차례

새로운 조선을 꿈꾼 왕
정조 … 6

할아버지와 손자

나는 사도 세자의 아들이다!

규장각에 서얼을 들이다

어린아이들은 나라에서 돌봐야 한다

왕의 행렬을 멈춰 세우는 꽹과리 소리

새로운 조선을 꿈꾸다

수원 화성

나라와 백성을 향한 사랑

인물의 발자취를 찾아 떠나는 여행 … 80

인물 연표 … 88

찾아보기 … 90

새로운 조선을 꿈꾼 왕

정조

할아버지와 손자

　새벽바람이 차가웠다. 검푸른 하늘에 초승달이 하얗게 빛났다. 세손은 차츰 옅어지는 하늘빛을 올려다보고는 걸음을 재촉했다. 초롱을 든 궁녀의 걸음도 빨라졌다.
　세손은 자정전*의 푸른 단청이 눈에 들어오자 숨을 고르고는 어깨를 활짝 폈다.
　'이른 새벽인데, 할바마마께서 무슨 일이실까?'
　할바마마의 기침 소리가 들렸다. 세손은 빗살창으로 새어 나오는 불빛을 바라보며 어제 할바마마의 심기를 불편하게 한 일은 없었는지 돌이켜봤다. 이리저리 생각해 봐도 그럴 만한 일이 없었다. 아침, 점심, 저녁 공부가 끝나고 나서 새벽까지 존현각에 틀어박혀 책을 읽었다. 책으로 가득 찬 존현각은 세손이 어려서부터 가장 오래 머무는 곳이었다.
　'존현각에 있는 동안 무슨 일이 있었던 걸까?'
　세손은 긴장한 얼굴로 자정전 안으로 들어갔다.

* 자정전: 경희궁의 편전. 편전은 임금이 평상시에 나랏일을 돌보던 궁전을 뜻한다.

"또 새벽까지 책을 보았느냐? 얼굴이 수척하구나."

세손의 인사를 받은 영조는 손자의 얼굴을 살폈다.

"돌상에 앉아서도 책만 들여다보더니만 너는 학자의 자질을 가지고 태어났구나. 그래, 도대체 지난밤에는 무슨 책을 읽어 보았느냐?"

"조선의 지리와 역사를 엮은 《동국여지지》*를 읽었습니다."

세손의 대답에 영조가 의아한 얼굴로 물었다.

"어찌 지리지까지 챙겨 보았느냐?"

*《동국여지지》: 1656년에 실학자 유형원이 펴낸 전국 지리지.

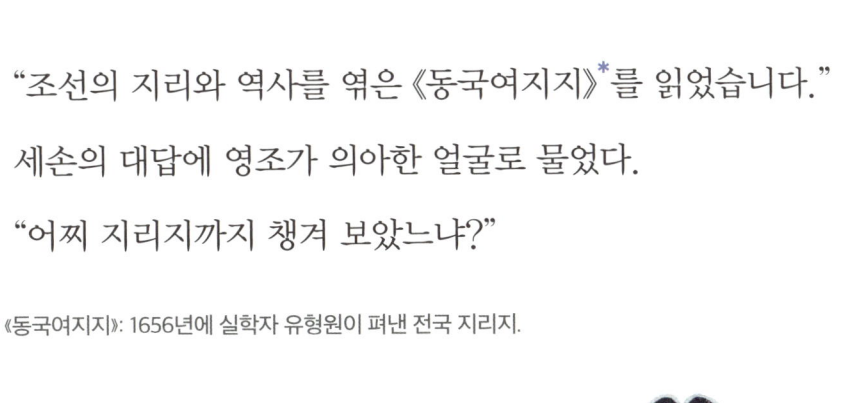

"역사와 지리에 대한 내용을 담으면서 토지 제도의 중요성을 이야기하고 있어 큰 도움이 되었습니다."

"그래?"

"할바마마께서도 늘 조선의 근본은 농업이다, 농사를 짓는 백성들에게 땅을 주어 평안하게 해야 한다 말씀하시지 않으셨습니까? 백성들의 삶의 터전이자 나라의 기반이 되는 토지가 얼마나 중요한지 크게 깨달았습니다."

영조는 흐뭇하게 웃으며 제법 두툼해진 손자의 어깨를 슬쩍 바라봤다. 두 해 전 자신의 발밑에 엎드려 뒤주*에 갇힌 제 아비를 살려 달라고 큰 소리로 울던 아이의 모습이 아니었다. 영조는 손자의 깊어진 눈빛을 보다가 퍼뜩 칼날처럼 날카로웠던 아들의 눈빛을 떠올렸다.

"어찌 이리 다를꼬."

영조는 자기 말에 움찔하는 손자를 보고는 얼른 말을 돌렸다.

"네 나이 열세 살이니, 이제 어린아이가 아니다. 제9대 왕인 성종께서는 열세 살에 왕위에 오르셨다. 열세 살이면 세상에 네 자

* 뒤주: 쌀 따위의 곡식을 담아 두는 통.

리를 차지해야 하지 않겠느냐?"

세손은 할바마마의 말뜻을 헤아리느라 선뜻 대답하지 못했다. 일흔이 넘었지만 영조의 눈빛은 매서웠다. 세손은 영조의 눈길을 피해 일월오봉도*의 흰 달을 바라봤다.

'저 달처럼 어두운 세상을 밝히는 사람이 되고 싶습니다.'

세손은 자기 생각을 말하지 않았다. 온 세상을 비추는 해와 마찬

---

* 일월오봉도: 조선 시대 임금의 자리 뒤편에 놓였던 병풍 그림으로 다섯 개의 산봉우리와 해, 달, 소나무가 그려져 있다.

가지로 달 역시 임금을 뜻한다. 그렇기 때문에 혹시 자신이 왕위에 오르고 싶어 한다고 여길까 봐 말할 수 없었다. 세손의 자리에 있지만 자신은 엄격히 따지면 죄인의 자식이었다.

세손의 아버지 사도 세자는 아버지 영조의 미움을 받아 뒤주에 갇혀 죽었다. 아버지와 아들 사이의 갈등에 신하들의 대립이 더해져 사도 세자를 죽음에까지 이르게 한 것이었다. 세손은 아버지를 떠올릴 때마다 자기도 모르게 목이 움츠러들었다.

"조정에서 네 자리를 든든히 하려면 아비가 있어야 하지 않겠느냐? 너를 효장 세자의 양자로 들일 것이다. 그럼 이제 아무도 세손을 가리켜 죄인의 아들이라 하지 못하겠지. 내 말이 무슨 뜻인지 알겠느냐?"

세손은 고개를 들어 할바마마를 바라봤다. 영조가 무척 아낀 첫째 아들 효장 세자는 열 살 때 병으로 세상을 떠났다. 그런데 본 적도 없는 큰아버지의 아들이 되다니, 세손은 잠시 말문이 턱 막혔다.

비록 아들을 자기 손으로 죽였지만 영조는 세손만은 지키고자 했다. 여전히 신하들의 대립이 계속되고 있는 상황에서 세손이 사

도 세자의 아들로 남아 있으면, 사도 세자를 공격했던 신하들의 화살이 세손을 겨눌 게 뻔했다. 영조는 그 공격으로부터 세손을 지키기 위한 방법을 생각해 낸 것이었다. 영조는 세손의 이름을 부르며 말했다.

"산아, 흔들리지 말거라. 네가 지금처럼 든든히 서 있으면 아무도 너를 흔들 수 없을 것이다. 내가 너의 울타리가 되겠다. 아들은 내 손으로 죽였지만, 너는 할아비가 반드시 지킬 것이다."

"할바마마……."

세손은 차오르는 눈물을 억누를 수가 없었다. 그동안 아버지를 잃은 서러움을 꾹꾹 참아 왔었다. 아버지를 죽음으로 내몬 사람이 바로 할바마마라는 사실을 알면서도 그 모든 복잡한 감정들과 의문들을 표현할 수도 없었다.

세손은 여전히 할바마마를 이해할 수는 없었지만 자신을 지켜 주겠다는 따뜻한 말에 그저 눈물이 흘러내렸다. 자정전에서는 한참 동안 낮은 울음소리가 새어 나왔다.

영조는 세손의 자리를 든든히 하기 위해 나랏일에 꼭 세손을 불렸다. 세손이 열여섯 살이 되던 해, 왕이 직접 농사지을 땅을 갈아 보이는 친경례에도 세손을 앞세웠다. 조선 왕실에서는 왕이 백성들에게 농사의 모범을 보이고 풍년을 기원하는 의미로 친경례를 행했다. 영조는 친경례를 치르는 논에 도착하자마자 가마에서 내려 논두렁에 올라섰다. 세손은 영조의 뒤를 따랐다.

"이곳이 왕실의 논이다. 왕실에서 논과 밭을 일구어 직접 농사를 짓는 까닭이 무엇이겠느냐?"

"백성들에게 농사의 시범을 보이기 위한 것입니다. 또 땅을 갈고, 씨를 뿌리고, 풀을 뽑으며 땀 흘려 일하는 백성들의 고단함을 알기 위해서입니다."

"그렇지. 또 친경례는 한 해 농사가 잘되길 기원하는 왕의 마음을 보이는 것이다. 여기 온 모든 이들이 푸른 옷을 입은 것은 만물이 돋아나는 봄날을 상징하는 것이니라. 산아, 궁궐 안에 앉아 책만 봐서는 안 된다. 백성들을 봐야 하느니라. 질척이는 땅도 밟아 보고, 농사짓는 이들이 부르는 노래도 들어 보아야 한다."

"명심하겠습니다."

세손은 푸른색과 붉은색의 비단옷을 갖춰 입은 신하들을 바라봤다. 진흙이 튈까 무서워 어기적어기적 걸어 다니는 모양새가 우스꽝스러웠다.

'고운 비단옷만 입는 사람들이 쟁기질 한 번 한다고 해서 거친 무명옷*을 입은 이들의 고달픔을 알까?'

세손은 질퍽대는 논두렁을 성큼성큼 걸었다. 몇몇 신하가 흙을 튀기면서 걷는 세손의 뒤에서 눈살을 찌푸렸다.

친경례는 영조가 소가 끄는 쟁기를 붙잡고 쟁기질하면서 시작되었다. 음악이 울리자 경험이 많은 영조는 능숙하게 쟁기를 잡고 앞으로 나아갔다. 영조는 정해진 대로 다섯 번 쟁기질을 한 뒤 논에서 나오면서 신하들에게 말했다.

"경들도 알겠지만, 몇 년 전 긴 가뭄으로 백성들이 굶고 있다는 소식에 세손은 한동안 고기를 먹지 않았다네. 백성을 걱정하는 어린 세손의 마음이 참으로 대견하지 않은가?"

영조의 말에 신하들은 말없이 고개만 조아렸다. 세손은 흔들리지 말라는 할바마마의 말을 떠올리면서 등을 꼿꼿하게 세웠다.

영조가 세손을 위할수록 헐뜯는 이들이 늘어났다. 그렇지만 영

---

* 무명옷: 목화솜을 자아 만든 무명실로 지은 옷.

조는 그들의 말에 귀 기울이지 않았다. 도리어 몸이 쇠약해지면서 점점 세손에게 의지했다.

세손이 스물네 살이 된 해, 영조는 신하들의 반대를 물리치고 손자에게 대리청정*을 하도록 했다.

서리가 하얗게 내린 날 아침, 세손은 신하들과의 회의를 위해 조회 장소로 향했다. 세손은 회의장에 들어서기 전, 아침 햇살이 번지는 하늘을 올려다봤다.

'아바마마, 이제 제가 할바마마를 대신해 왕의 역할을 해야 합니다. 아바마마가 만들어 준 책을 닳도록 보았던 그 아이가 이렇게 자랐습니다. 온 힘을 다해 나라를 위해 일할 것입니다. 그것이 할바마마와 아바마마의 뜻이겠지요.'

세손은 주먹을 꽉 쥐고 회의장에 들어섰다. 곧이어 신하들이 줄줄이 따라 들어갔다. 곧 회의장에서 세손의 단단한 목소리가 울려 퍼졌다.

---

* 대리청정: 왕이 병들거나 나이가 들어 나랏일을 하기 어려울 때 세자가 왕을 대신해 정치를 하는 일.

나는 사도 세자의 아들이다!

　1776년 봄날 영조의 병이 더욱 깊어졌다. 세손은 영조 곁에서 꼬박 밤을 새워 가며 간호했지만, 영조의 건강은 쉽사리 나아지지 않았다.
　"할바마마, 어서 기운을 찾으셔야 합니다."
　영조는 흐린 눈으로 손자를 바라볼 뿐 아무 말도 하지 않았다. 세손은 할바마마의 손을 잡고 울다 다급하게 말했다.
　"전하의 손이 차갑다. 어서 진찰하라."
　임금을 치료하는 의원인 어의가 영조를 진찰하고는 바닥에 엎드렸다.
　"저하, 죽여 주시옵소서. 맥이 잡히지 않습니다."
　세손은 깜짝 놀라 어의를 바라보다가 영조를 부여잡고 소리 내어 울었다. 세손의 울음소리가 퍼져 나가면서 궁의 모든 사람들이 엎드려 통곡했다. 조선의 제21대 왕으로 52년 동안 나라를 다스린 영조가 세상을 떠났다.

닷새 뒤 세손은 경희궁의 숭정전 앞에서 즉위식을 치렀다. 조선의 제22대 왕 정조가 새 임금의 자리에 오른 순간이었다.

신하들 앞에 선 정조는 큰 소리로 외쳤다.

"나는 사도 세자의 아들이다!"

정조의 말에 사도 세자를 궁지로 몰았던 신하들의 얼굴이 하얗게 질렸다. 정조를 세손 때부터 모셨던 홍국영 역시 정조의 말에 깜짝 놀랐다.

'전하, 마침내 사도 세자와 전하를 괴롭힌 자들의 죄를 물으시려는 겁니까?'

홍국영은 긴장한 얼굴로 정조의 다음 말을 기다렸다. 정조는 신하들을 훑어본 뒤 침착하게 말을 이었다.

"나는 사도 세자의 아들이지만, 선대왕께서 효장 세자의 뒤를 이어받도록 명하셨다. 그 뜻을 따르고자 하니, 누구라도 사도 세자를 높이려는 일은 하지 말 것이며, 그런 일을 의논한다면 벌을 내릴 것이다."

정조의 말은 무서운 경고였다. 사도 세자를 죽음으로 몰아붙인 이들을 꼼짝할 수 없게 만드는 것은 물론, 사도 세자의 복수를 하라고 부추기는 이들에게 아무것도 하지 말라고 못 박은 것이다.

"선대왕께서는 나라는 백성을 위해 세워진 것이며, 하늘이 임금을 세운 것은 백성을 잘 돌보게 하기 위해서라고 하셨다. 나는 백성이 있어야 임금도 있다는 선대왕의 뜻을 받들 것이다. 경들도 이 뜻을 헤아려 임금이 아니라 백성을 위해 온 힘을 쏟으라."

정조는 신하들에게 당장 나라에서 헛되이 쓰는 돈을 줄이고 백성들을 도울 방법을 찾으라고 명했다. 당시는 계속된 가뭄과 홍수로 백성들의 형편이 어려운 시기였다. 정조 자신이 먼저 본보기를 보였다. 궁에서 일하는 궁녀들의 수를 줄인 것이었다. 무려 300명의 궁녀들을 궁에서 내보내고 그들에게 주었던 봉급을 아껴 나라 살림에 보태게 했다. 또 자신의 수라*마저 줄이라고 명했다.

"굶는 백성이 많은데 어찌 백성의 아비인 왕이 배부르게 먹을 수 있겠느냐? 하루에 두 번만 수라를 올리고, 반찬도

* 수라: 임금에게 올리는 밥.

다섯 가지만 올리라."

"전하, 몸이 상하실까 염려되옵니다."

"선대왕께서도 두 끼만 드셨다. 백성들이 힘든 이때 내가 어찌 편히 앉아서 세 끼나 받아먹겠는가."

또 정조는 비단으로 옷을 짓지 말라고도 명했다. 그 뒤로 정조는 신하들 앞에 나설 때만 비단으로 지은 옷을 입고, 평소에는 무명옷을 입었다. 또 옷이 해지거나 구멍이 나면 버리지 않고 꿰매어 입었다. 왕이 몸소 실천하니, 궁에 있는 사람들 또한 감히 사치스러운 옷을 입지 못했다. 정조는 이렇게 아낀 돈을 백성을 위해 쓰도록 했다.

하루는 홍국영이 왕의 침소에 들었다가 깜짝 놀랐다. 왕이 잠을 자는 곳임에도 마치 궁궐 밖 어느 평민의 방처럼 소박했기 때문이었다. 화려한 도자기 한 점 없었고, 심지어 바닥에는 풀 줄기로 짠 돗자리가 깔려 있었다.

"전하, 누가 이 방을 한 나라를 다스리는 왕의 침소라 하겠습니까? 전하가 검소하신 것은 온 나라가 다 안다고 하더라도 이 정도일 줄은 모를 것입니다. 전하의 침소를 보니 제가 누리는 것이 부끄럽습니다."

"선조께서도 무명옷만 입으시고, 영조께서도 평생을 검소하게 사셨다. 선대왕의 검소함을 따르는 것은 어렵지 않다. 허나, 언제나 백성을 아끼신 선대왕을 따르기는 어렵다. 나는 선대왕의 뜻을 이루지 못할까 봐 잠이 오지 않는다."

"전하, 왕위에 오르신 지 얼마 되지 않았습니다. 그런데 벌써 그런 걱정을 하시다니요."

"내가 왕이 된 지 얼마 되지 않았다고 해서 백성의 고통도 얼마 되지 않은 것은 아니지. 백성의 고통을 널리 헤아리고, 옳은 정책을 펼치려면 나라를 이끌어 갈 젊은 인재들이 있어야 한다."

'전하께서는 백성을 위하고, 뜻을 함께할 인재를 뽑을 방법을 고민하고 계시구나.'

홍국영의 짐작대로 정조는 즉위한 바로 그해 창덕궁에 신하들이 언제든 공부할 수 있게 왕실 도서관인 규장각을 세우라고 명령했다.

규장각이 완성되자 신하들은 정조와 함께 규장각을 둘러보았다. 한 신하가 규장각에 빼곡하게 들어찬 책을 보고 중얼거렸다.

"책을 좋아하는 전하께서 제대로 된 도서관을 만드셨구나."

정조는 그 말을 듣고는 희미하게 웃었다.

'과연 이곳이 도서관이기만 할까? 이곳은 새로운 조선이 시작되는 곳이다.'

규장각을 돌아보는 정조의 눈빛이 그 어느 때보다도 빛났다.

규장각에 서얼*을 들이다

정조는 영조가 아끼던 신하 채제공을 규장각의 으뜸 벼슬인 제학의 자리에 앉혔다. 채제공은 오랫동안 여러 벼슬을 거치며 많은 사람들에게 존경을 받았다. 신하들은 정조가 채제공에게 규장각을 맡긴 것을 보고 규장각이 그저 책을 수집하고 펴내는 곳만은 아니라는 것을 눈치챘다.

채제공이 청에 사신으로 다녀온 뒤, 정조는 채제공을 따로 불렀다. 늦은 밤이었다. 규장각에 앉아 책을 보던 정조는 채제공이 들어오자 환하게 웃으며 맞았다.

"밤이 깊어 오는데 어렵지 않았소? 청에 다녀오느라 힘들었을 텐데, 내가 마음이 급해 이리 불렀소."

"후원의 밤길이 우아한 멋이 있어 좋았습니다. 신은 밤 외출이 즐거우나 전하께서는 온종일 나랏일을 살피시고, 또 책을 보십니까?"

"나는 어릴 적부터 날마다 정해 놓은 만큼 책을 보는 습관이 있

---

* 서얼: 서자와 얼자를 아울러 이르는 말. 서자는 양반과 양민 여성 사이에서 낳은 아들이고, 얼자는 양반과 천민 여성 사이에서 낳은 아들이다.

어서 괜찮소. 도리어 책을 보면 고단함을 잊을 수 있어 좋지. 그나저나 청에 가면서 서얼 출신인 박제가를 데려갔다고? 박제가의 학문이 뛰어나다 들었는데, 곁에서 보니 어떠했소?"

"맞습니다. 박제가의 글을 보고 청의 학자들도 놀랐습니다."

"오호, 그러하군. 박제가나 이덕무처럼 서얼 중 뛰어난 인재들에게 나랏일을 맡기려 하는데, 대신들이 반대할 게 불을 보듯 뻔한 일이라 고민이오."

채제공은 서성이는 정조를 올려다보다가 나직하게 말했다.

"전하께서 서얼에게도 기회를 주려고 애쓰시는 걸 잘 압니다. 하지만 서얼이 높은 벼슬에 오르기는 쉽지 않을 것입니다. 조정의 관료들과 양반들이 크게 반발할 것입니다."

"맞소. 그래서 생각해 낸 방법이 있는데, 규장각에 서얼들을 들이면 어떻겠소? 정해진 벼슬을 주는 것이 아니니 대신들도 반대할 수 없을 것이오. 그저 관료들을 도와서 책을 검토하고 왕명과 기록물을 관리하는 검서관 일을 맡기는 것이니까 말이오."

채제공은 왕이 어린아이처럼 들떠 있는 것을 보고는 웃었다.

"전하께서 규장각을 세운 까닭을 이제 알았습니다. 전하의 말씀대로 서얼들을 규장각 검서관 자리에 두면 나라에 이로울 것입니다."

"역시 경은 내 뜻을 알아주는구려. 고맙소."

정조의 호탕한 웃음소리가 후원의 밤바람을 타고 흩어졌다.

규장각은 밤새도록 불이 꺼지지 않는 날이 많았다. 정조는 하루에 세 번 규장각에 들렀다. 저녁에는 서얼 출신의 검서관 박제가, 유득공, 이덕무와 책을 읽고 토론하면서 밤을 새우곤 했다.

하루는 정조가 검서관들과 궁궐을 산책하던 중 연꽃이 활짝 핀 연못을 한참 내려다보다가 말했다.

"옛 중국의 학자가 말하길, 흙탕인 연못에서도 더러움에 물들지 않고 연꽃처럼 깨끗함을 지키는 것이 군자라고 하였다. 군자가 그 깨끗함을 지키려면 평생 학문을 닦아야 하는데, 요즘 신하들은 책을 멀리하니 걱정이다. 신하들이 공부할 수 있는 방도가 있어야 할 텐데……."

"세종께서는 젊은 문신들에게 독서에만 전념할 수 있도록 휴가를 주셨습니다. 전하도 그런 것을 생각하신 것인지요?"

정조는 이덕무가 자신의 속마음을 알아채자 껄껄 웃었다.

"그렇지, 세종께서는 과거에 급제해 벼슬에 올랐다고 하더라도 신하들이 공부를 계속해야 한다고 여기셨지. 박제가 자네는 어찌 생각하는가?"

"과거를 치르는 날이면 한양 일대가 과거를 보려는 이들로 넘쳐 납니다. 서로 앞자리를 차지하려고 싸우다 죽는 이도 있으니, 예절과 도리를 공부한 선비들의 모습이 어찌 이럴 수 있겠습니까? 게다가 과거에 붙고 나면 책을 거들떠보지도 않는다고 합니다."

박제가의 날카로운 지적에 정조가 고개를 끄덕였다.

"그렇지, 그러니 과거에 급제하고 벼슬에 오른 이들을 규장각에서 가르쳐야 하지 않겠는가. 인재들을 뽑아 자네들과 함께 공부하게 하려는데 어떠한가? 저 나무처럼 규장각이 줄기가 되어 신하들이 가지를 뻗칠 수 있도록 하는 것이지."

정조는 뜻한 대로 젊은 문신 중에 뛰어난 이들을 뽑았다. 특별히 뽑힌 이 문신들은 규장각에서 유교의 사상을 담은 책과 역사책을 공부했다. 정조는 틈이 날 때마다 직접 이들을 가르치고, 숙제를 내 줬다. 정조는 아주 엄격한 스승이었다. 문신들은 정조에게 쓴소리를 들을까 봐 온종일 책에서 눈을 떼지 못했다.

하지만 높은 관직에 있는 신하들은 정조가 신하들을 어린애처럼 꾸짖고 벌주는 것을 보고는 펄쩍 뛰었다. 어느 날 우의정이 정조에게 말했다.

"전하, 왕과 신하는 스승과 제자일 수 없습니다. 신하가 왕에게 배우듯이 왕도 신하에게 배워야 합니다. 전하가 신하들의 스승이기만 하다면 신하들이 주눅이 들어서 어찌 왕과 함께 나랏일을 논할 수 있겠습니까?"

"경의 말을 들으니 섭섭하네. 나는 신하들을 가르치려고 욕심을 부리는 것이 아닐세. 학문을 쌓아 나라와 백성들에게 도움을 주는 훌륭한 인재가 되길 바라는 마음으로 채찍질하는 것이네."

'왕과 신하의 우열을 가리는 것이 아니라 백성을 위해 더 나은 길을 찾고자 함이시구나.'

우의정은 정조의 뜻을 깨닫고는 더는 말하지 못했다.

정조는 2년마다 규장각에서 연구할 문신들을 뽑았다. 신하들은 과거에 급제한 것보다 여기에 뽑힌 것을 더 자랑스러워했다. 이 중에는 정약용도 있었다.

정약용은 벼슬에 오르기 전 성균관 유생 때부터 정조의 눈에 띄었다. 정조가 직접 문제를 낸 시험에 뛰어난 답을 했던 것이다. 정조는 정약용을 눈여겨보았고 자주 불러 시를 짓게 하거나 이야기를 나누었다. 정약용은 유교 경전뿐만 아니라 농업, 경제, 과학 등 다양한 분야에 지식이 깊었다. 훗날 정약용은 백성들의 생활에 실제적인 도움을 주는 학문인 실학을 크게 발전시켰다.

정조는 규장각을 통해 정약용뿐만 아니라 재능 있는 젊은 인재들이 배우고 익혀 훌륭한 관리가 되도록 하였다.

어린아이들은 나라에서 돌봐야 한다

정조가 왕위에 오른 지 6년째가 되던 해, 나라에 큰 가뭄이 들었다. 몇 해 동안 이어진 가뭄으로 농사짓기가 어려웠다. 논이고 밭이고 거북 등처럼 쩍쩍 갈라져서 씨를 뿌리지 못한 곳이 많았다. 용케 씨를 뿌렸다고 하더라도 제때 비가 내리지 않아 이삭이 나오기도 전에 말라 죽어 버렸다. 땅에서 수확할 것이 없자 살던 곳을 떠나 떠도는 백성들까지 생겨났다.

"대신들은 다른 일은 미뤄 두고 가난한 백성들이 보살핌을 받고 있는지 잘 살피도록 하라. 죽을 지경에 이른 백성들을 살리는 것은 고을 수령에게 달려 있다. 단 한 명의 백성도 소홀히 여기지 않도록 하라. 수령 중에 백성을 구하는 일에 힘쓰지 않는 이가 있다면 죄를 물어 곤장을 칠 것이다."

전국 각지에서 수령들이 올린 상소를 빠짐없이 읽은 정조는 나라 곳곳의 형편을 훤히 꿰뚫고 있었다.

"충청도, 전라도, 경상도 세 곳의 가뭄이 심해 비가 내린다고 하더라도 땅이 굳어 벼를 심기 어려울 것이다. 하여 보리, 밀 같은 잡곡을 심어야 할 테니 수령들은 넉넉하게 씨앗을 마련해 백성에게 나눠 주도록 하라. 비가 내린 전라도 일부 고을에는 논에 물을 대고 모내기를 할 수 있으니, 수령은 소를 내줘서 일을 빠르게 할 수 있도록 도우라."

정조는 밤늦게까지 일하고도 침소에 들어서면 한참 동안 벽 앞에서 서성였다. 침소에 들른 중전은 정조가 눈을 떼지 못하는 벽을 보고 깜짝 놀랐다. 벽에는 글씨가 적힌 종이가 빼곡하게 붙어 있었다.

"전하, 이것이 다 무엇입니까?"

"지금 가뭄으로 백성들이 고생하는 고을들이오. 동쪽 벽에는 동쪽 지역의 고을을, 서쪽 벽에는 서쪽 지역의 고을을 적어 놓았소."

"수령 이름까지 있지 않습니까? 침소에서도 일을 놓지 못하시는 겁니까? 건강을 생각하셔야죠."

"나를 일깨우기 위해서요. 저 고을마다 굶주림에 죽어 가는 백성들이 있다는 것을 되새기려는 것이오."

중전은 정조의 어두운 얼굴을 안쓰럽게 바라봤다.

"백성을 생각하는 전하의 마음과 정성이 분명 하늘에 닿을 것이

옵니다."

"그러기만 한다면 얼마나 좋겠소? 제때 비가 오고, 제때 볕이 들어 가을에 조선의 온 들판이 누런 황금빛으로 물든다면 무슨 걱정이 있겠소. 하지만 비가 내리기를 바라는 제사를 지내도 하늘은 아직 내 간절함을 모르는가 보오."

정조가 제사를 여러 차례 지내는 동안 간간이 비가 오긴 했지만, 농사에 도움이 될 만큼은 아니었다. 남쪽 땅에 흉년이 들면서 한양에서도 식량이 떨어져 가난한 이들은 당장 먹을 것이 없었다.

정조는 백성들 걱정에 잠을 이루지 못했다. 첫 왕자가 태어나자 비로소 기뻐하다가도 이내 한숨을 쉬었다.

'내 아이를 보니 궁 밖에 있는 어린아이들이 더욱 생각나는구나. 어른들도 먹을 것을 찾아 떠도는 형편에 아이들은 오죽할까?'

정조는 한양에서 태어나고 자라서 도성 일이라면 모르는 게 없는 이덕무를 앞세워 몰래 궁 밖으로 나섰다. 양반 옷차림을 한 왕은 이덕무의 뒤를 쫓아 가게가 길게 늘어서 있는 운종가*를 지났

* 운종가: 나라에서 허가받은 가게가 모여 있는 곳으로, 오늘날 서울의 종로를 가리키는 말.

다. 장터는 물건을 파는 사람들과 사려는 사람들로 북적였다.

정조는 덩치 큰 상인 한 명이 사내아이의 뒷덜미를 잡아채는 것을 보고는 멈춰 섰다.

"여기서 얼쩡거리지 말라고 했지. 이 도둑놈아!"

"아무것도 안 훔쳤어요!"

"안 훔치긴 뭘 안 훔쳐! 틈만 보이면 뭐든 낚아채서 입에 처넣을 텐데. 당장 꺼져!"

상인은 버둥대는 아이를 땅바닥에 내동댕이쳤다. 정조는 얼른 다가가 힘없이 나가떨어진 아이를 일으켜 세웠다.

"어디 다치지 않았느냐?"

"진짜 아무것도 안 훔쳤다고요!"

아이는 겁에 질린 얼굴로 뒷걸음치다 후다닥 내뺐다.

"운종가에 저런 어린 도둑놈들이 깔렸어요. 바늘 도둑이 소 도둑 된다고, 어리다고 눈감아 주면 안 된다니까요."

덩치 큰 상인은 정조를 보면서 의기양양하게 말했다. 정조는 눈을 부릅떴다.

"지금 저 어린아이가 도둑질하는 걸 보지도 않고 도둑으로 몬 것

이냐?"

"배곯은 것들이 운종가를 돌아다니다 보면 다 도둑질하기 마련이지요."

"어린애들이 배를 곯는데, 불쌍하게 여기지는 못할망정 도둑 누명을 씌우다니. 죄 없는 사람에게 죄를 덮어씌우는 것이 얼마나 큰 죄인 줄 모르느냐? 내 너를 당장……."

정조는 호통을 치려다가 이덕무가 눈짓하는 걸 보고는 입을 다물었다. 상인은 정조를 흘깃대면서 콧방귀를 뀌었다.

"임금도 배곯는 애들을 못 구하는데, 하루 벌어서 하루 먹고사는 사람이 저런 애들까지 어떻게 마음을 씁니까?"

상인은 휙 돌아서 가 버렸다. 이덕무는 한숨을 쉬는 정조의 얼굴을 살피면서 조심스럽게 말했다.

"요즘 운종가에서는 흔히 있는 일입니다. 부모를 잃었거나 부모가 있다고 해도 보살핌을 받지 못하는 아이들이 운종가에서 구걸을 하다가 간혹 도둑질을 하기도 하지요."

"그럼 그 아이들은 밤이면 어디로 가느냐?"

"운종가 처마 밑에서 어찌어찌 밤을 보내는 아이들이 대부분입니다. 운이 좋아 돌아갈 집이 있다고 해도 다리 밑 움막이겠지요."

이덕무는 정조를 청계천 다리 쪽으로 데려갔다. 정조는 다리 밑에 거적을 둘러놓고 사는 이들을 보고는 한참 동안 걸음을 떼지 못했다.

다음 날 정조는 조회에 나가 신하들에게 말했다.

"청계천 다리 밑에서 사는 아이들에게 깔고 덮고 잘 가마니와 옷

가지를 나눠 주도록 하라. 흉년이 심해서 고통 받는 백성들을 구하는 데 힘써야겠지만, 그중에서도 아이들을 구하는 일이 가장 급하다. 부모에게 버려진 아이들이 길에서 구걸하다 죄 없이 죽는다면 나는 물론 자네들도 어찌 책임이 없다고 하겠는가. 아이들을 구할 수 있는 제도를 하루빨리 만들어 시행하라."

정조의 명에 신하들은 모두 고개를 숙였다.

며칠 뒤 정조는 신하들이 올린 여러 방법을 훑어본 뒤 어린이들을 도울 수 있는 법을 만들었다.

"부모가 없거나 버려진 아이들은 조정과 지방 수령이 책임지고 키워야 한다. 또 아이들이 자랄 때까지 자리 잡고 살 곳을 마련해 주고 밥을 먹여야 한다. 이 법을 모든 백성이 알 수 있도록 훈민정음으로 적어 나눠 주도록 하라."

이후 한양 도성에서는 오갈 데 없는 아이들을 모아 진휼청[*] 밖 빈터에 흙집을 지어 머물게 하고, 밥을 챙겨 주었다. 아픈 아이들은 혜민서[**]에서 치료해 주었다.

---

[*] 진휼청: 조선 시대에 굶주린 백성들을 구제하는 일을 하던 관청.
[**] 혜민서: 조선 시대에 가난한 백성의 병을 무료로 치료해 주던 관청.

정조는 진휼청 관리를 불러 새로운 제도가 잘 지켜지고 있는지 물었다.

"전하, 한양은 물론이거니와 지방에서도 아이들을 돕는 일이 잘 진행되고 있나이다. 한양 진휼청에서 돌보는 아이들은 배불리 먹으면서부터 마치 메말랐던 풀뿌리가 파릇파릇 다시 살아나는 듯합니다."

"요즘에 들은 말 중 가장 기쁜 말이다. 아이들이 아무 걱정 없이 배불리 먹을 수 있다니 이보다 좋은 일이 있겠는가. 진휼청에서는 각 고을에서도 아이들을 잘 돌보는지 자주 살피라."

"예, 전하."

정조는 오랜만에 흐뭇하게 웃음을 지었다. 밖에는 눈발이 흩날리고 있었다.

'겨울에 눈이 많이 오면 다음 해는 풍년이라고 하지 않던가. 눈아, 펑펑 내려라.'

왕의 행렬을 멈춰 세우는 꽹과리 소리

창덕궁의 정문이 활짝 열렸다. 깃발을 든 관원들과 긴 칼을 옆에 찬 군사들이 열을 지어 걸어 나왔다. 긴 행렬 뒤에 왕이 탄 가마가 나타났다. 정조가 아버지 사도 세자의 무덤을 찾아가 돌보기 위해 나서는 행차였다. 왕의 행차를 보려고 모여든 사람들로 창덕궁 앞에서부터 운종가까지 북적였다.

왕의 행렬이 도성을 지나는데 요란한 꽹과리 소리가 울려 퍼졌다. 격쟁이었다. 격쟁이란 백성이 왕의 행차 때에 꽹과리나 징을 두드려 억울한 일을 말할 수 있는 제도였다. 특히 정조는 백성들의 격쟁을 귀 기울여 들어주었다. 그러자 정조의 행차가 있는 날이면 방방곡곡에서 격쟁을 하려는 사람들이 몰려들었다.

정조는 꽹과리 소리를 듣고 행렬을 멈추었다. 땅바닥에 엎드린 수백 명의 백성 사이에서 꽹과리를 치는 사내가 눈에 띄었다.

"꽹과리를 친 이를 앞으로 데려오라."

왕의 명령에 호위 무사들이 달려가 격쟁을 한 사람을 데려왔다. 꽹과리를 든 사람은 왕 앞에 오자마자 무릎을 꿇고 엎드려 눈물부터 흘렸다.

"그래, 무슨 일로 격쟁을 하였느냐?"

"저는 흑산도에서 온 김이수라고 합니다."

"흑산도라, 격쟁을 하려고 바다를 건너 여기까지 왔단 말이냐?"

"그렇습니다."

"힘들었겠구나. 그토록 먼 길을 온 까닭이 무엇이냐?"

"전하, 다름이 아니오라 흑산도는 특산물인 닥나무*를 나라에 세금으로 바쳐야 하는데, 흑산도에 닥나무가 없어진 지 오래입니다. 그래서 닥나무를 다른 지역에서 사서 바치고 있는 형편입니다."

"흑산도에 닥나무가 자라지 않는 것이냐?"

"예전에는 닥나무가 있었으나 수십 년 동안 조정에 바치느라 씨가 말라 버렸습니다. 그래서 벌써 여러 번 관아에 고쳐 달라고 했는데, 답이 없습니다."

정조는 김이수의 말을 들으면서 한탄하였다.

"허허, 어찌 그런 일이! 닥나무가 더 이상 흑산도 특산물이 아니거늘, 닥나무를 내놓으라고 하니 흑산도 백성들의 고충이 컸겠구나. 네 말을 잘 알아들었으니 곧 조사해서 반드시 바로 잡겠다."

정조는 능행**을 마치고 돌아온 뒤 흑산도에 관리를 보내 알아보게 했다. 그리고 몇 달 뒤 흑산도에서 닥나무를 세금으로 거두지 않도록 했다.

왕이 격쟁을 들어주고 바로 해결한다는 얘기가 퍼지면서 능행을

---

* 닥나무: 물가에서 잘 자라는 나무로 종이를 만드는 데 쓰인다.
** 능행: 임금이 능으로 행차하는 일.

구경하러 나오는 백성이 점점 늘었고, 격쟁과 상소도 그만큼 늘어났다.

한번은 능행 행렬이 한강 서빙고 나룻가에 닿았을 때였다. 느닷없이 강물이 불어나 나루터 주변이 물에 잠겼다. 그러자 구경 나왔던 백성이 모두 몰려와 물이 솟는 곳을 배로 막고 길을 만들어 왕이 무사히 지날 수 있도록 했다. 왕이 그 광경을 보고는 눈물을 흘렸다. 신하들은 정조를 보고 깜짝 놀랐다.

"전하, 눈물을 흘리시다니! 어찌 그러십니까?"

"저리도 착한 백성을 보았는가. 저들이 나를 위해 서슴없이 팔을 걷어붙이고 나서는 걸 보니 고맙고도 두렵구나. 나는 과연 백성에게 울타리가 되어 주고 있는지 돌아보게 된다."

"전하, 능행 때마다 관리들을 곳곳에 보내 백성의 어려움을 알아보도록 하지 않으셨습니까? 전하가 백성을 생각하는 마음을 백성들도 알고 있습니다."

정조는 곁에 있던 신하의 말을 들으면서 해가 저물어 가는 하늘을 올려다봤다. 붉게 물드는 하늘 반대편에는 달이 모습을 드러내고 있었다.

"과인은 저 달빛과 같은 왕이 되고 싶다. 어두운 밤길을 밝혀 주는 달빛처럼 고통 받는 백성에게 길을 보여 주는 왕. 하지만 아직 어떻게 그런 나라를 세울 수 있는지 답을 찾지 못해 아득하구나."

왕위에 오른 지 10년이 되던 해, 정조는 신하들에게 나라를 위한 좋은 제안을 하라고 명했다. 신하들이 올린 개혁안은 500여 건이 넘었다. 정조는 그중에서 가장 뛰어난 개혁안을 올린 박제가를 창덕궁 후원으로 불렀다.

"그대가 올린 글을 보았다. 바닷길을 열어 청, 그리고 왜와 교역을 해야 한다는 의견이 인상 깊었다."

"전하, 신이 청을 여러 번 다녀오면서 느낀 것입니다. 중국 땅에 들어선 나라들은 오랫동안 여러 나라와 교역을 해서 문화가 발전할 수 있었습니다. 자기에게 있는 것과 없는 것을 서로 바꾸고 사고파는 것을 통해 삶이 편리해지고 더 좋은 것을 빨리 받아들이기 때문입니다. 조선은 삼면이 바다이니 바닷길을 통해 청, 왜뿐만 아니라 더 먼 나라까지 나갈 수 있습니다."

"그래, 거기서 더 나아가 청에 있는 서양 선교사*들을 불러 과학 기술을 배워야 한다고 하였더군. 그런데 신하들이 이 주장에 반발하지 않겠는가?"

"전하, 신이 청에 가서 보니 서양인들이 수학과 과학, 천문학에

---

* 선교사: 외국에 기독교를 널리 전하는 사람.

도 뛰어났습니다. 그들을 데려와 배운다면 나라에 큰 보탬이 될 것입니다."

"서양에서 들어온 천주학*을 몰래 믿는 이들이 양반도 노비도 같은 인간이며, 조상의 제사도 지내지 말아야 한다고 해서 문제인 것을 모르는가?"

"알고 있습니다. 전하께서 천주학을 금지하라는 상소에 성리학이 바로 서면, 천주학 같은 그릇된 학문은 저절로 없어질 것이라 하셨지요. 전하의 말씀처럼 천주학을 두려워할 필요도 없으며 천주학과 서양의 학문은 다른 것입니다."

정조는 박제가의 대답을 듣고는 껄껄 웃었다.

"참으로 거침이 없군. 그리고 보니 관직도 없이 책만 보는 양반들을 해충이라 했다던데. 그들에게 일을 시켜야 한다는 주장은 너무 앞서 나간 것이 아닌가?"

"전하, 세금도 내지 않고, 국방의 의무도 하지 않으면서 놀고먹는 양반이 늘어나면 나라의 근본이 흔들릴 것입니다. 그들에게 장사를 시켜 중국과 적극적으로 무역을 하도록 해야 합니다."

* 천주학: 천주교를 이르는 말.

"선비들에게 장사를 시킨다고? 장사를 가장 천한 일이라 여기는 조선에서 그게 가능하겠는가?"

"전하, 세상이 변하고 있습니다. 조선 밖에서는 장사를 천하게 여기지 않습니다. 장사라는 것은 필요한 물건을 필요한 곳에 전해 주는 중요한 일입니다. 다양한 상업이 발달해야 백성들의 삶이 편리해지고 여유로워집니다."

정조는 멈춰 서서 박제가의 얼굴을 빤히 바라봤다.

"그대가 꿈꾸는 세상과 내가 꿈꾸는 세상이 똑같지는 않더라도, 우리 둘 다 새로운 세상을 바라는구나. 새로운 세상에서는 그대의 주장이 옳을 수도 있겠지. 수백 년을 사는 이 나무는 지금과 다른 세상을 보려나?"

정조는 흔들리는 나뭇가지를 올려다보았다. 박제가는 나무처럼 단단히 서 있는 왕의 뒷모습을 바라봤다.

새로운 조선을 꿈꾸다

정조는 사도 세자의 무덤에 뱀이 들끓는다는 상소를 받고 무덤을 수원으로 옮기도록 명했다. 그리고 그곳의 이름을 현륭원으로 고쳤다. 현륭원이 완성되자 정조는 현륭원으로 행차를 계획했는데, 행차할 때 한강에 작은 배를 여러 척 띄워 만든 배다리가 필요했다. 정조는 그 일을 규장각에서 공부하고 있던 정약용에게 맡겼다. 대신들은 나랏일을 한 적 없는 정약용에게 너무 큰일을 맡겼다고 뒤에서 수군댔다. 하지만 정약용은 보란 듯이 왕의 행렬이 안전하게 지나갈 수 있을 뿐 아니라, 백성들에게도 피해를 입히지 않는 튼튼한 배다리를 만들었다.

정조는 푸른 강물이 넘실거리는 한강을 가로지르며 곧게 뻗은 배다리를 보고 고개를 끄덕였다.

"역시 내 생각이 틀리지 않았구나. 정약용이라면 잘 해낼 줄 알았다."

능행의 긴 행렬은 정약용이 만든 배다리를 건너 무사히 수원에 닿았다. 정조는 현륭원에서 제사를 지낸 뒤 팔달산에 올라 수원을

둘러봤다. 산 아래로 낮은 산에 둘러싸인 너른 평야가 펼쳐졌다. 정조는 능행에 함께한 좌의정 채제공에게 말했다.

"수원을 둘러보니 사람들이 모여 살기 좋아 보이는데, 이곳에 사는 사람이 적어 안타깝소. 좌의정이 보기에는 어떠하오?"

"제 눈에도 산이 높지 않고 들이 넓어 살기가 좋아 보입니다."

"그렇지. 옛날에 이곳을 물 고을이라는 뜻의 매홀이라 부르지 않았소? 물이 많다는 것은 농사짓기에 좋은 땅이라는 뜻이지. 좌의정, 이곳에 사람들을 불러들일 방법이 없겠소?"

채제공은 정조의 느닷없는 질문에 머뭇거렸다.

'임금께서 이곳에 아버지의 묘를 옮긴 이유가 따로 있구나. 수원을 개혁의 발판으로 만들려는 뜻이로다.'

정조의 뜻을 헤아린 채제공은 얼마 뒤 수원을 크게 키울 방법을 왕에게 아뢰었다.

"전하, 수원 팔달산 아래에 많은 가게를 만들고 일 년 열두 달 열게 하면 장사를 하려는 이들이 모여들 것입니다. 그러면 돈이 모여 수원이 번창하게 될 것입니다."

"수원에 물건을 사고파는 가게를 만든다? 아직 사람들이 없는 곳에 장사하는 이들이 선뜻 가게를 내려고 하겠는가?"

"지금 한양의 시전*은 허가를 받은 이들만 장사를 할 수 있습니다. 이와 달리 수원에서는 누구든지 장사를 할 수 있게 한다면 장사하겠다는 사람들이 모여들 것입니다. 더군다나 수원은 산이 낮아 방방곡곡에서 사람들이 오가기 쉬우니 장사도 잘될 것입니다."

"좌의정의 말대로면 수원에 또 다른 운종가가 생기는 것이니, 남쪽에 사는 백성들에게 도움이 되겠군. 좌의정, 당장 팔달산 아래 점포를 짓고, 나랏돈으로 경비를 지원하도록 하라."

정조의 명이 떨어진 뒤 수원에는 가게가 지어지고, 청을 오가면서 장사하던 무역 상인들이 수원에 자리 잡기 시작했다. 그중에는 인삼을 파는 곳도 있어 인삼을 사려는 이들이 전국 각지에서 모여들었다.

* 시전: 조선 시대에 지금의 종로를 중심으로 설치한 상설 시장.

정조는 채제공의 계획이 성공하는 것을 보고 기뻐했다. 그렇지만, 수원으로 사람을 모으고자 한 계획이 모두 순조롭지는 않았다. 정조는 수원 주변의 땅이 좋지 않아 농사짓기가 어렵다는 보고를 듣고 수원 부사를 불렀다.

"수원의 땅이 좋지 않다고 하여 걱정이 크다. 농사가 잘되어야 백성들이 떠나지 않고 살 수 있을 것인데……."

"전하, 수원은 물이 많으나 땅이 기름지지 못해 예로부터 농사를 짓는 이들은 수원 밖으로 나갔습니다. 신도 그것이 염려되어 방법을 알아보고 있나이다."

"내가 땅을 제대로 보지 못하였구나. 하지만 땅이 나쁘다고 하여 그냥 놔둘 수는 없는 일이다. 거름을 만들어 땅을 기름지게 바꿔 보자. 지금부터 수원의 농민들은 모두 거름을 만드는 데 힘을 쏟도록 하라."

왕의 말을 들은 부사의 얼굴빛이 환해졌다.

"수원에서 모든 백성들이 마음껏 장사하듯, 농사도 활기를 띠면 좋겠구나. 수원 부사는 가뭄을 대비하고 땅을 기름지게 할 방법을 찾아 실행하라. 땅이 비옥해져 농민들이 모여들면 나중에 농사짓고

자 하는 백성들에게 나라의 땅을 나눠 줄 생각이다."

 정조의 뜻대로 수원은 점점 커지고 있었다. 수원의 장터가 사람들로 북적이는 것을 본 채제공은 신하들이 모두 모인 자리에서 한양 운종가의 문제점을 정조에게 아뢰었다.

"전하, 한양 도성에서는 오랫동안 시전 상인들에게만 장사할 수 있는 권한을 주고, 허가받지 않은 사람은 장사를 못하게 막았습니다. 농사를 지어야 하는 이들이 장사를 하게 될까 봐 그리한 것입니다. 팔 것이 있어야 장사도 할 수 있으니 당연한 일이었지요. 하

지만 이제는 농작물이 늘어서 상업이 활발해져야 하는데, 시전 상인들만 장사를 독차지하고 있으니 문제입니다."

"시전 상인들에게 일반 백성들이 장사하는 난전을 금지시킬 수 있는 권한을 준 것이 금난전권이다. 그런데 이제 금난전권으로 오히려 피해를 보는 백성들이 생긴다 듣고, 중요한 물품을 파는 육의전을 제외하고는 장사를 자유롭게 하라 하였다. 그런데 그것이 잘 시행되지 않는 것인가?"

"그렇습니다. 시전에서 정해진 물품이 아닌 것들도 가게를 만들어 독점하는가 하면, 그저 집에서 기른 채소를 들고나와 팔려는 사람들마저 장사를 못 하게 막고서 그들의 물건을 헐값에 사들입니다. 그러고는 도성 사람들에게 비싸게 팔지요. 이 때문에 백성들의 피해가 큽니다."

"참으로 가슴 아픈 일이다. 선대왕께서도 시전 상인들의 금난전권을 없애려 했으나, 신하들이 반대해서 못 하셨지. 경들의 생각은 어떠한가?"

정조는 신하들을 둘러봤다. 시전과 관련된 일을 맡아보던 관리가 앞으로 나섰다.

"시전의 가게는 수백 년 동안 장사를 한 곳도 있을 만큼 오래되었고, 나라에 필요한 물건을 공급해 왔습니다. 그런데 누구나 자유롭게 장사를 하게 되면 그 점포들은 모두 망할 것입니다."

좌의정인 채제공이 반대 의견을 냈다.

"그래서 꼭 필요한 여섯 가지 물건만 정해진 점포에서 팔게 하고, 다른 것들은 백성들의 고통을 줄여 주기 위해 누구나 장사를 하게 하자는 것입니다."

정조는 두 사람이 하는 말을 잠자코 듣고 있다가 말했다.

"나와 그대들이 해야 하는 일이 무엇인가? 바로 백성들을 평안하게 하는 것이다. 좌의정의 말대로 도성의 백성이 금난전권으로 고통 받는다면 당연히 없애야 한다. 수원에서 누구나 장사할 수 있게 하였더니 상인들은 물론, 물건을 사는 사람들도 좋아하는 것을 보지 않았는가? 무조건 과거의 방식만 따르지 말고 더 좋은 제도나 방법이 있다면 실행해 보아야지!"

정조는 신하들을 둘러봤다. 아무도 나서는 사람이 없자 큰 소리로 말했다.

"육의전을 제외한 시전의 금난전권을 폐지한다! 이제부터 누구라도 자유롭게 장사할 수 있다. 이를 한양 도성 곳곳에 훈민정음으로 써서 알리도록 하라."

며칠 뒤에 정조의 명을 적은 글이 도성 곳곳에 붙자 펄쩍펄쩍 뛰면서 기뻐하는 사람이 한둘이 아니었다.

수원 화성

  정조는 이른 새벽부터 밤늦게까지 쉴 틈 없이 일했다. 왕이 일하는 동안에는 비서 역할을 하는 승지가 옆에서 왕의 말과 행동을 하나하나 기록했다. 언제나 사람들에게 둘러싸여 있는 정조는 혼자 생각을 정리하고 싶을 때마다 궁궐 안 조용한 곳에 지어 놓은 움집에 들어갔다.

  1792년 겨울, 첫서리가 내린 날이었다. 정조는 조회를 마치고 움집에 들어가 밤늦게까지 꼼짝하지 않았다. 이튿날, 왕은 이른 새벽에 호위 대장과 함께 말을 타고 궁을 빠져나왔다. 둘은 어둠이 걷히지 않은 도성을 가로질러 양주로 향했다.

  붉은 아침 해가 산꼭대기에 걸쳐질 무렵 정조는 양주 야트막한 산에 올라 어느 무덤 앞에서 말을 멈춰 세웠다. 무덤 옆에는 움막이 지어져 있었는데, 말발굽 소리에 움막 안에 있던 사람이 머리를 불쑥 내밀었다. 그는 말에서 내리는 왕을 보고는 화들짝 놀라 움막에서 튀어나왔다. 상복을 입고 짚신을 신은 남자가 왕의 발아래에 엎드려 떨리는 목소리로 말했다.

"전하! 어찌 이곳까지 오셨습니까? 신이 너무 놀라서 말도 제대로 나오지 않습니다."

"그대와 꼭 상의해야 할 일이 있어 왔네."

엎드려 있던 사람이 천천히 고개를 들었다. 정약용이었다. 얼마 전 아버지를 여읜 정약용은 벼슬을 내려놓고 무덤 옆에서 움막을 짓고 살며 아버지의 무덤을 지키고 있었다.

"내가 왕위에 오른 뒤 백성들의 피땀 어린 세금만 축내는 군사 조직을 점차 줄여 왔다는 걸 알 것이네. 이후로는 장용위를 설치하여 최정예 부대로 키우는 데 힘을 쏟았지. 그러나 장용위를 한양 주변 곳곳에 배치한 것은 왕실의 안전을 위한 것만은 아니네. 한양 도성을 지키면서 훗날 청을 넘겨다보기 위해서였네."

"전하, 효종께서 청을 공격하겠다며 북벌을 준비하셨는데, 전하도 그러하신 것입니까?"

"청이 조선 땅을 짓밟고 조선의 임금이 청 황제에게 무릎을 꿇은 치욕을 어찌 잊겠는가. 우리 조선이 다시 그런 일을 겪지 않으려면 군사력을 키워 청과 맞설 수 있어야겠지. 그래서 이제 장용위를 확대해 장용영으로 바꾸고 수원에도 두려 한다네."

"군을 수원에 두는 것은 마땅한 일이옵니다. 수원은 본래 군사적으로 중요한 땅입니다. 임진왜란 때 권율이 왜적을 물리쳤고, 의병장 홍계남도 백성들과 같이 왜적과 싸워 크게 이겼습니다."

"맞네."

정조는 자리에서 일어나 산 아래를 내려다보았다.

"우리 조선처럼 산이 많은 곳은 적을 방어하기 좋지. 그런데도 우리가 왜와 청에게 당한 것은 군사력이 부족해서라네. 성을 쌓는

것은 군사력을 키우는 것과 같지. 수원에 쌓은 성은 남으로 왜적을 경계하고, 북으로 한양을 지키게 될 것이네."

"전하, 하지만 수원에 성을 쌓는다고 하면 반대하는 신하들도 있을 것입니다."

"그렇겠지. 또 서로 옳다 그르다 하면서 싸우겠지. 탕평책*을 써도 신하들의 뜻을 하나로 모으는 일은 여전히 어렵네. 내 오죽하면 침소 이름을 모두 똑같은 신하이니 그만 싸우라고 탕탕평평실이라 하였겠는가. 그래서 이번에 서로 뜻이 다른 신하들에게 함께 수원에 성을 쌓는 일을 맡길 것이네. 서로 머리를 맞대고 논의하도록 말일세. 그런데……."

* 탕평책: 조선 영조와 정조 시대에 각 당파에서 고르게 인재를 등용하던 정책.

정조가 말을 멈추고 정약용을 뒤돌아봤다.

"성을 잘 쌓으려면 좋은 설계도가 있어야 하지 않겠는가? 내가 여기까지 온 이유가 그것이네. 배다리를 잘 만든 그대에게 성의 설계를 부탁하려 하네."

"전하! 신이 어떻게 그리 큰일을 할 수 있겠습니까?"

정약용이 명령을 거두어 달라고 사정하였지만, 정조는 들은 체도 하지 않았다. 정조는 고개를 내젓는 정약용을 뒤로 하고 말을 달렸다.

정조는 수원의 이름을 화성으로 바꾸고 성을 쌓을 준비를 했다. 정조는 정약용이 보낸 설계도를 전국 방방곡곡에 있는 성의 설계도와 비교하면서 성의 설계를 마쳤다. 정조는 정약용에게 성을 지을 때 필요한 기계를 설계하라고 명했다. 정약용은 서양과 중국의 과학 기술 책을 두루 본 뒤, 적은 힘으로 무거운 돌을 쉽게 들어 올릴 수 있는 거중기를 설계해서 왕에게 올렸다.

1794년 봄, 마침내 화성에 성을 쌓을 땅을 다지기 시작했다. 정조는 직접 현장을 둘러보았다. 성이 들어설 자리에는 빨간 깃발이 꽂혀 있었는데, 백성들이 사는 마을과 집에도 깃발이 빽빽하게 꽂혀 있었다. 정조는 이를 보고는 깜짝 놀라 화성을 다스리던 관리를 불렀다.

"백성들이 많이 모여 사는 곳까지 성을 쌓으려고 하던데, 그리하면 안 된다. 거기 사는 백성들은 현륭원을 만들 때 함께 온 사람들이다. 그곳으로 온 지 얼마 되지 않았는데 그들을 또 다른 곳으로 보낼 수는 없는 일이다. 그러니 백성들의 터전을 그대로 두고 성을 쌓도록 하라."

정조는 성을 쌓는 일꾼들에게 품삯을 주라고도 명했다. 이전까지는 나랏일에 백성들을 동원할 때 따로 품삯을 주지 않았다. 그저 나라의 명에 따라 대가도 받지 않고 일을 해야만 했을 뿐만 아니라, 농사를 짓거나 다른 일로 돈을 벌 수도 없었다. 하지만 수원 화성을 쌓는 데 품삯을 준다는 사실이 알려지자 조선에서 내로라하는 목수, 석수, 대장장이, 칠장이, 기와장이가 나섰고, 농사를 짓지 않는 백성들도 일을 하겠다고 모여들었다.

정조는 직접 화성에 내려와 건축 과정을 지켜보고는 책임자들을 불러 일꾼들이 다치지 않도록 신경 쓰라고 명했다.

"성을 쌓는 일보다 중요한 것은 일하는 사람들이 다치지 않는 것이다. 무거운 돌을 다루다가 다치는 일이 없도록 하고 일을 재촉하지 말 것이며, 다친 일꾼들은 바로 치료해 주거라."

정조는 여름이 되자 고생하는 일꾼들을 안쓰럽게 여겨 더위를 이길 수 있는 한약을 내렸다. 그리고 한겨울에는 털모자를 나눠 줬다.

화성 백성들은 털모자를 쓰고 일하는 사람들을 보고는 부러워

했다.

"귀마개도 높은 벼슬아치들이나 할 수 있는 것인데, 임금님께서 저런 사람들에게 귀한 털모자를 내려 주시다니. 저들은 복도 많구려."

"일할 맛 나겠군. 벌써 저렇게 높이 쌓은 것을 보게. 10년은 족히 걸린다고 하더니만, 금방 다 짓게 생겼네."

백성들은 하루가 다르게 높이 올라가는 성벽을 보면서 놀라워했다. 정조는 어머니 혜경궁 홍씨와 돌아가신 아버지 사도 세자의 회갑을 맞아 화성 행궁에서 큰 잔치를 벌였다. 백성들은 왕의 화성 행궁 행차 행렬을 구경하면서 화성 성곽에 관심을 갖게 되었다. 화성은 성을 쌓기 시작한 지 3년도 되지 않아 완성되었다.

나라와 백성을 향한 사랑

1800년, 정조는 어려서 죽은 문효 세자의 뒤를 이어 둘째 아들을 세자로 삼았다. 그리고 세자를 데리고 화성에 갔다. 정조는 자신의 뒤를 따라오는 어린 아들을 자꾸 뒤돌아보았다.

'언젠가 이 길을 너 혼자 걸어야 할 것이다.'

정조는 자신과 눈이 마주치자 환하게 웃는 세자를 보면서 따라 웃었다.

화성에 도착한 뒤 정조는 세자를 데리고 화성 성곽을 돌면서 하나하나 설명해 줬다. 정조는 성곽 돌에 새겨진 이름을 손가락으로 가리켰다.

"이것 보아라. 이 이름은 성곽을 지을 때 돌을 쌓고 나무를 깎은 사람들의 이름이다. 이들이 흘린 땀으로 이토록 아름답고 훌륭한 성곽을 세운 것이지. 그들의 수고를 잊지 말라는 뜻으로 이렇게 새겨 놓은 것이란다."

"아바마마께서 여기서 일하는 사람들에게 열 번이나 음식을 베푸셨지요. 저 또한 그들을 귀하게 여기신 아바마마의 마음을 잊지 않겠습니다."

"그래야지. 이곳은 한양을 더 든든히 지키기 위해 세운 성이야. 성곽에는 48개의 방어 시설을 설치해 놓았다. 적의 움직임을 살피기 좋을 뿐만 아니라, 공격에도 유리하도록 세심하게 만들었지. 왕의 첫 번째 의무가 바로 나라와 백성을 안전하게 지키는 것이니까."

정조는 세자와 함께 성곽 길을 걸었다. 그러다 성문을 오가는 백성들을 보면서 물었다.

"세자는 어떤 왕이 되고 싶으냐?"

"아바마마처럼 백성을 자식처럼 돌보는 왕이 되고 싶습니다."

"내 할아버지 영조께서는 '백성이 있고, 왕이 있는 것'이라고 말씀하셨다. 아비는 할아버지의 뜻을 받들었지만, 아직 부족하다. 모든

백성의 아비여야 하는데, 내 손이 닿지 않는 사람들이 있다."

"그들이 누구입니까?"

"바로 노비들이다. 인간으로 태어나 어찌 귀한 존재가 있고, 천한 존재가 있겠느냐? 하지만 노비들은 인간으로 존중받지 못하니 참으로 가슴 아픈 일이다. 그래서 나는 노비를 없애려고 한다."

세자가 놀란 눈으로 왕을 바라봤다.

"아바마마, 양반들은 노비를 재산으로 여기니 그들이 가만있지 않을 것입니다."

"그렇겠지. 처음부터 완전히 바꿀 수는 없을 것이다. 그래서 나는 아비가 노비라 해서 그 자식들까지 대대로 노비가 되는 법부터 바꿀 생각이다. 그리고 먼저 관청에서 일하는 노비들을 양인으로 만들 것이다. 양반에게 속한 사노비들도 나라에서 노비를 풀어 주는 대가로 어느 정도 비용을 내 준다면 양반들의 불만도 줄어들겠지."

"노비도 백성이라 하신 아바마마의 말씀, 소자도 같은 생각입니다. 하지만 나라에서 그 많은 노비를 풀어 주는 대가를 지불하려면 엄청난 비용이 들 것입니다."

"맞다. 그래서 아비는 토지 제도를 개혁하고 농업을 발전시킬 생각이다. 또 상업을 널리 일으키고 나라의 문을 열어 무역에도 힘쓸 것이다. 나라를 부유하고 강하게 만들어 노비를 풀어 주는 데 드는 비용을 마련할 것이니라. 또한 이렇게 나라가 강해지면 그만큼 백성들이 잘살게 되는 것이 아니겠느냐."

"아!"

세자는 정조의 나라와 백성을 향한 깊은 사랑에 절로 탄성이 새어 나왔다.

"아바마마, 소자가 부족하지만 아바마마의 뜻을 받들어 모든 백성이 자유롭고 살기 좋은 나라를 만드는 데 힘쓰겠습니다."

정조는 세자의 손을 꼭 잡고 노을이 붉게 번지는 하늘을 바라봤다. 점점 옅어지는 노을 건너편 하늘에는 흰 달이 모습을 드러냈다.

하지만 정조는 화성에 다녀와서 다섯 달 뒤에 갑작스럽게 세상을 떠나고 말았다. 지나치게 일에 매달리다 병이 악화된 것이었다. 정조의 죽음으로 그가 추진했던 개혁들은 더 이상 펼쳐지지 못했다.

하지만 누구보다 백성을 사랑한 왕, 정조가 가고자 했던 길은 그 빛을 잃지 않고 오래도록 조선을 비추었다.

백성이 배고프면 나도 배고프고 백성이 배부르면 나도 배부르다. 재난을 구제하고 흉년을 돌보는 것은, 제때에 미치지 못하기라도 할 듯이 더욱더 다급히 서둘러야 할 것이다.

이는 백성의 목숨이 달린 것이니, 잠시라도 중단해서는 안 된다.
오늘 한 가지 일을 행하고 내일 한 가지 일을 행하여,
곤경에 빠진 나의 백성들을 편안한 자리로 옮긴 뒤라야,
나의 마음이 편안해진다.

《일득록》* 중에서

* 《일득록》: 정조가 신하, 유생들과 나눈 대화와 명 등을 기록한 책.

인물의 발자취를 찾아 떠나는 여행

불안한 세손 시절을 보낸 경희궁 존현각

흔히 조선의 궁궐이라면 경복궁이나 창덕궁을 먼저 떠올리지만, 정조가 어린 시절을 보낸 곳은 경희궁이었습니다. 경희궁은 임진왜란이 끝난 후 조선 제15대 왕 광해군이 경복궁의 서쪽 인왕산 자락에 지은 궁이에요.

조선 후기의 왕들은 경희궁을 사랑했어요. 그중에도 정조의 할아버지 영조의 경희궁 사랑은 유난했지요. 영조가 주로 머물던 궁궐인 탓에 세손 시절의 정조가 주로 지낸 곳도 경희궁의 존현각이었어요. 정조는 이곳에서 책을 읽고 공부하고 영조를 대신해서 정치를 하기도 했어요. 지금은 전하지 않지만,《존현각일기》라는 책을 쓰기도 했지요. 아마도 아버지 사도 세자의 죽음을 목격한 후 불안한 세손 시절을 보내면서 일기로 자신의 마음을 다스린 것이 아닐까요?

영조는 52년 동안 나라를 다스리다가 경희궁에서 생을 마감했어요. 궁궐에서는 선왕의 장례식과 새 왕의 즉위식이 거의 동시에 진행되었지요. 1776년 정조는 경희궁에서 조선의 새 왕으로 즉위합니다.

하지만 젊은 정조가 새로운 조선을 만들기 위한 꿈을 꾸던 경희궁은 여러 역사적 사건들을 거치며 현재 전각이 3채밖에 남지 않았어요.

새로운 개혁 정치의 상징 규장각

왕으로 즉위한 초기에 경희궁에서 생활하던 정조는 거처를 창덕궁으로 옮겨 개혁 정치를 펼치기 시작합니다. 창덕궁과 창경궁 사이에는 왕실 가족에게만 허용된 아름다운 후원이 있어요. 정조의 개혁 정치는 이곳에서 싹을 틔웠지요.

후원에 들어서면 한가운데 동그란 섬이 있는 크고 아름다운 연못 부용지를 만날 수 있어요. 부용지를 사이에 두고 부용정과 주합루가 마주 보고 있는데, 주합루에 설치된 규장각은 왕실의 도서관으로 역대 왕들의 글씨와 책을 보관하기 위해 만든 곳이에요.

정조는 규장각의 신하들에게 왕권을 강화하고 관리들의 기강을 바로 세우는 정책을 만들게 했어요. 또 서얼 출신이라 차별받던 학자들을 등용해서 마음껏 학문을 연구하도록 했지요. 이곳에서 이덕무, 유득공, 박제가 등의 학자들이 성장할 수 있었어요.

정약용이 남긴 기록에 따르면, 꽃이 흐드러지게 피는 봄날에 정조가 신하들과 함께 부용지에 배를 띄워 놓고 술 한잔을 곁들인 뱃놀이를 즐겼다고 해요. 정조는 학문과 풍류를 모두 아는 왕이었던 것 같네요.

▲ 창덕궁 인정전 ⓒ 문화재청

조선 최고의 성리학 교육 기관 성균관

정조의 개혁 정치를 뒷받침한 곳이 규장각이었다면, 영조의 정치를 이어받아 학자를 길러 낸 곳은 성균관입니다. 성균관은 조선 시대 최고의 성리학 교육 기관이자 국립 대학이에요. 성균관의 유생이 되려면 소과라는 과거에 합격해서 생원이나 진사의 자격을 얻어야 했어요. 또한 어렵게 입학하고 난 뒤에도 열심히 공부해야 했지요.

▲ 성균관 명륜당 ⓒ 문화재청

정조는 학문에 열중하는 유생을 뽑아 상을 주었어요. 이때 정조의 눈에 띈 성균관 우등생이 정약용입니다. 백성들을 잘살게 하는 실용적인 학문에 관심이 많았던 정약용을 한눈에 알아본 거죠.

정조는 정약용이 자신이 꿈꾸는 새로운 조선을 이끌어 갈 신하라고 생각했어요. 실제로 정약용은 정조가 꿈꾸는 조선의 미래를 실현할 수원 화성을 설계했을 뿐만 아니라 백성을 위한 실용적인 학문인 실학을 집대성한 학자로 성장했지요.

정조의 꿈을 담은 수원 화성

유네스코가 지정한 세계 문화유산인 수원 화성은 사실 정조 시기에 지어진 것이 아니에

▲ 수원 화성 지도

요. 한국 전쟁 동안의 치열한 전투로 정조가 건설한 수원 화성은 대부분이 파괴되었어요. 지금의 수원 화성은 이후 복원한 것이에요. 후대에 복원한 성인데도 세계 문화유산으로 지정될 수 있었던 이유는 바로 《화성성역의궤》라는 책 때문이에요. 무슨 일이든 기록으로 남긴 정조는 화성이 만들어지는 전 과정을 그림과 글로 상세하게 남겨 놓았어요. 이 기록 덕

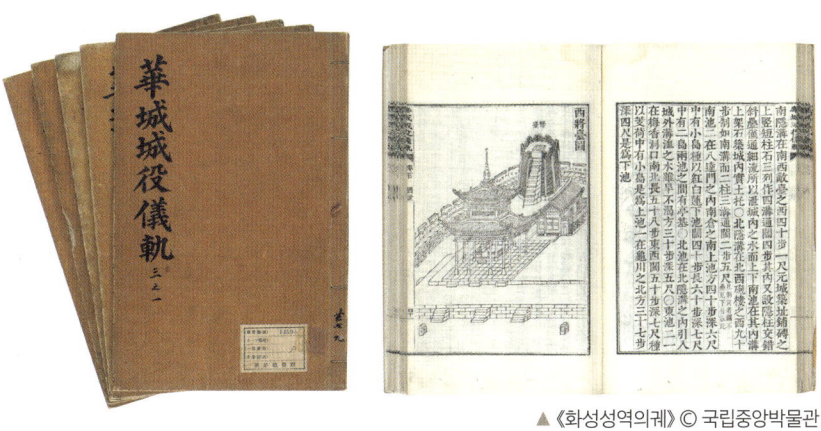

▲ 《화성성역의궤》 ⓒ 국립중앙박물관

분에 수원 화성은 거의 원형에 가깝게 복원되었고, 세계적인 가치를 인정받을 수 있었죠.

화성은 공격과 방어를 동시에 할 수 있는 최첨단 요새 도시로 만들어졌어요. 화성 설계의 중요한 임무를 맡은 사람은 정약용이었어요. 성벽은 큰 돌로 아래를 괴고, 위는 벽돌로 쌓아 만들었어요. 이렇게 하면 화재에도 무너지지 않는 강하고 단단한 성벽을 만들 수 있거든요. 공사에는 거중기와 녹로라는 기계가 사용되었어요. 도르래의 원리를 이용해 작은 힘으

팔달문

수원 화성의 남쪽문으로 적의 공격으로부터 보호하기 위해 옹성을 한 겹 더 두른 모습이 인상적이에요.

각루

높은 곳에 4개의 '각루'를 두어 시야를 넓게 보며 군사를 지휘하도록 했어요.

치

바깥으로 튀어나와 적을 공격하기 쉽게 만든 시설로 화성에는 총 10개의 치가 있어요.

공심돈

둥글게 벽돌을 쌓아 군사들이 몸을 숨기고 여러 층에서 공격할 수 있도록 했는데, 내부는 계단을 통해 오르내리도록 했어요.

군사 지휘소와 정자의 기능을 두루 갖춘 아름다운 건축물이에요.

수원 화성의 정문이자 북문이에요. 한양이 수원의 북쪽이기 때문에 왕이 들어오는 북문을 정문으로 한 것이에요.

장대는 장수가 군사를 지휘하는 곳을 말해요. 수원 화성의 서쪽 장대라고 해서 서장대라고 해요.

로 무거운 돌을 들어 올릴 수 있는 기구로, 이것 역시 정약용이 발명한 것이에요.

  사방이 확 트인 화성은 적의 공격에 대비하기 위해 특별한 장치를 곳곳에 설치했어요. 우선 동서남북 네 곳에 문을 만들고 일정한 간격마다 적을 감시하거나 공격할 수 있는 시설을 설치했지요. 그리고 성문 앞에 반원형의 성(옹성)을 이중으로 쌓거나 성벽에 기어오르지 못하도록 여러 장치를 만들었어요.

  10년의 건축 기간을 예상했던 화성 공사는 34개월이라는 짧은 기간에 기적처럼 마무리되었답니다. 건축 기간이 이렇게 줄어들 수 있었던 가장 큰 이유는 성을 쌓는 일꾼들에게 품삯을 주었기 때문이에요. 그전까지는 나라의 공사에 동원된 백성들에게 아무런 대가도 지불하지 않았어요. 공사에 동원된 기간 동안 백성들은 농사도 짓지 못하고 생계를 위한 일을 하지 못했지요. 하지만 정조는 일꾼의 품삯을 반나절 일한 것까지 정확히 계산해 주었어요. 더운 여름날에는 쉬게 하고 겨울에는 귀한 털모자를 내려 주기도 했지요.

아버지를 만나러 가는 길

　조선 시대의 무덤은 죽은 사람의 신분에 따라 그 이름이 달라집니다. 왕과 왕비의 무덤은 '능(릉)', 세자는 '원', 왕족과 일반인은 '묘'라고 불러요. 사도 세자만큼 죽은 후에 무덤의 이름이 달라진 사람이 또 있을까요? 처음 무덤이 만들어졌을 때는 '수운묘'라고 부르다가 정조가 사도 세자를 장헌 세자로 고쳐 부른 후 '영우원'으로 이름을 바꾸었습니다. 수원으로 무덤을 옮긴 후 다시 '현륭원'으로 이름 붙였다고 해요. 정조는 현륭원에 소나무, 전나무, 상수리나무 등 1,200만 그루가 넘는 나무를 심어 숲을 만들었어요.

　후에 고종이 사도(장헌) 세자를 다시 장조로 고쳐 부르면서 현륭원은 현재의 '융릉'이 되었답니다. 효심이 깊은 정조 역시 아버지의 무덤 근처에 묻혔는데, 이곳이 '건릉'입니다.

▲ 사도 세자의 무덤, 융릉 © 문화재청

▲ 정조의 무덤, 건릉 © 문화재청

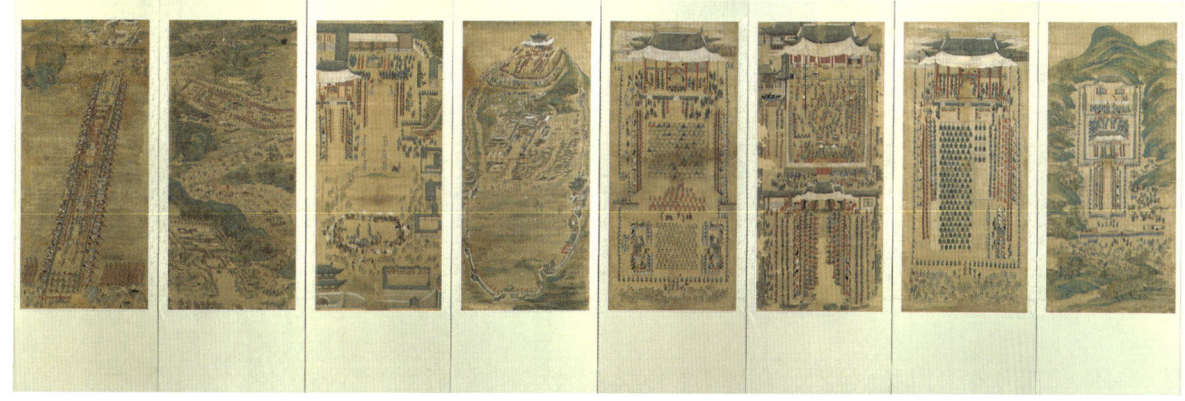

▲ 〈화성능행도〉 병풍 ⓒ 국립중앙박물관

정조는 아버지의 무덤이 있는 현륭원을 자주 찾아갔어요. 특히 1795년에는 현륭원을 찾은 후에 화성 행궁에서 혜경궁 홍씨와 사도 세자의 회갑연을 열었지요. 당시 화성 행차 모습을 그린 16미터에 달하는 〈화성능행도〉에는 말을 탄 정조와 가마를 탄 혜경궁 홍씨를 비롯해서, 1,779명의 사람과 779필의 말이 사실적으로 그려져 있어요.

창덕궁에서 화성까지 총 56킬로미터에 달하는 이동 경로를 총지휘하고 계획한 사람도 역시 정조가 총애한 신하 정약용이었어요. 정약용은 왕의 행렬이 한강을 건널 수 있도록 강물의 흐름, 배 사이의 간격 등을 치밀하게 계산해 배다리를 만들기도 했지요.

아마도 정조는 억울하게 죽은 아버지를 기리고 자신의 왕권을 세상에 드러내려는 마음으로 화성 행차를 계획했을 거예요. 8일간 이어진 행사를 마치고 궁궐로 돌아오는 길. 정조는 고갯마루에서 뒤를 돌아보았다고 해요. 경기도 의왕시와 수원시 사이에 있는 지지대고개에는 그런 정조의 애틋한 마음이 담겨 있어요.

▲ 지지대고개에 세워진 비 ⓒ 문화재청

인물 연표

◆ 정조

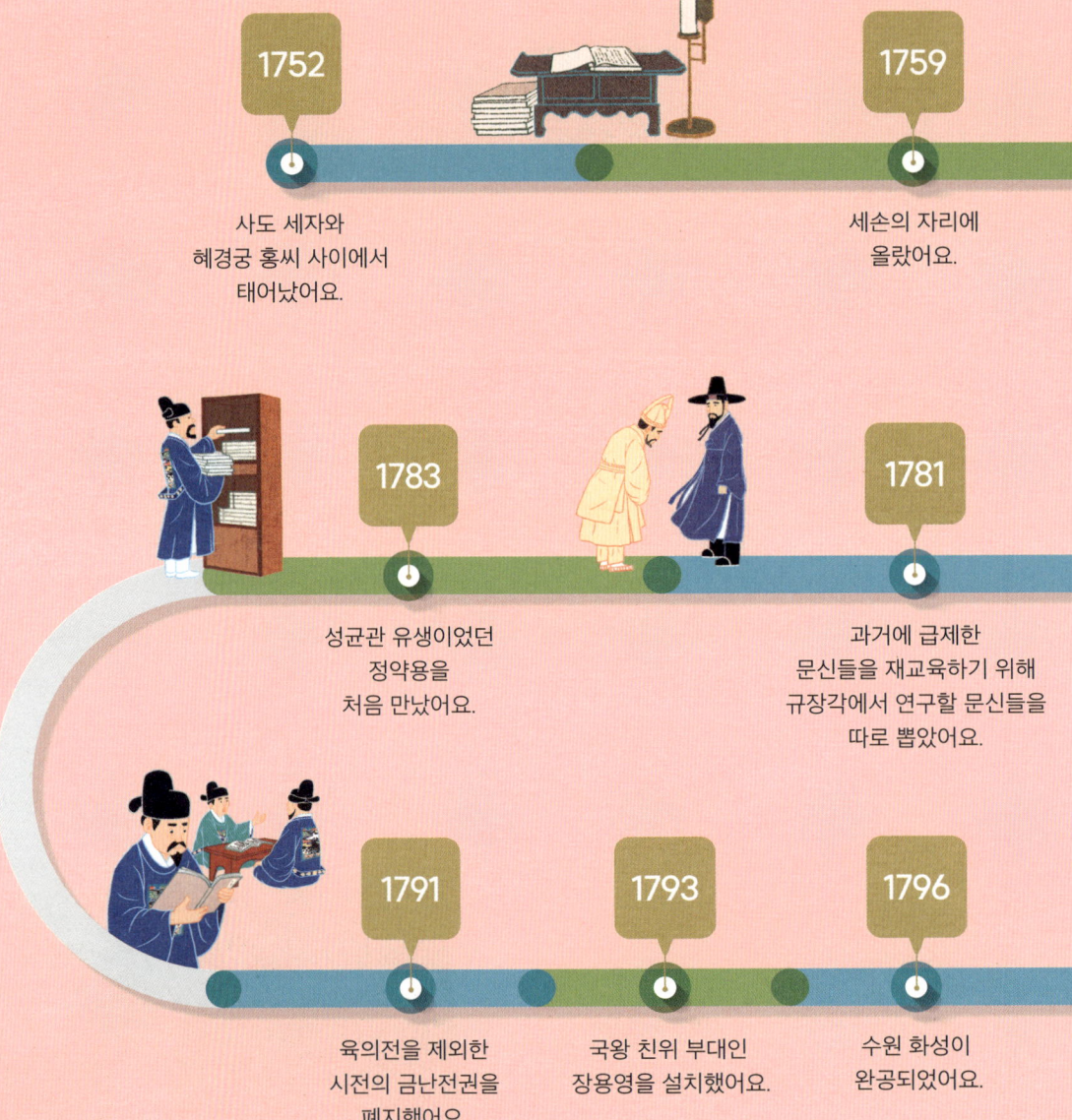

1752 사도 세자와 혜경궁 홍씨 사이에서 태어났어요.

1759 세손의 자리에 올랐어요.

1783 성균관 유생이었던 정약용을 처음 만났어요.

1781 과거에 급제한 문신들을 재교육하기 위해 규장각에서 연구할 문신들을 따로 뽑았어요.

1791 육의전을 제외한 시전의 금난전권을 폐지했어요.

1793 국왕 친위 부대인 장용영을 설치했어요.

1796 수원 화성이 완공되었어요.

1762 아버지 사도 세자가 세상을 떠났어요.

1764 영조의 큰아들인 효장 세자의 호적에 올려졌어요.

1776 조선 제22대 임금으로 즉위했어요. 왕실 도서관이자 정책 연구 기관인 규장각을 설치했어요.

1774 영조의 명으로 대리청정을 시작했어요.

1800 갑작스런 병으로 정조가 세상을 떠나고 아들 순조가 즉위했어요.

찾아보기

〈화성능행도〉 ······ 87
《화성성역의궤》 ······ 83

거중기 ······ 68, 84
건릉 ······ 86
격쟁 ······ 47, 48, 49
경희궁 ······ 9, 21, 80, 81
규장각 ······ 26, 27, 30, 31, 32, 33, 34, 55, 81, 82, 88, 89
금난전권 ······ 61, 62, 63, 88

녹로 ······ 84
능행 ······ 48, 49, 55, 57

닥나무 ······ 48
대리청정 ······ 19, 89
도르래 ······ 84
뒤주 ······ 12, 14

무명옷 ······ 18, 24, 25

박제가 ······ 28, 30, 31, 32, 53, 54, 81
배다리 ······ 55, 68, 87
부용정 ······ 81

사도 세자 ······ 14, 16, 20, 21, 46, 55, 72, 80, 85, 86, 87, 88, 89
서얼 ······ 27, 28, 30, 31, 81
선교사 ······ 52
선대왕 ······ 21, 22, 24, 25, 62
성균관 ······ 33, 82, 88
수라 ······ 22
수원 화성 ······ 64, 69, 82, 83, 84, 85, 88
승지 ······ 64
시전 ······ 58, 60, 61, 62, 63, 88
실학 ······ 34, 82
실학자 ······ 11

우의정	32, 33	창덕궁	26, 46, 52, 80, 81, 87
운종가	38, 39, 41, 42	채제공	27, 30, 57, 59, 60, 62
육의전	61, 63, 88	천주학	53
융릉	86	친경례	17, 18
이덕무	30, 31, 38, 42, 81		
		탕평책	67
자정전	9, 16		
장용영	65, 88	현륭원	55, 69, 86, 87
장용위	65	혜경궁	72, 87, 88
정약용	33, 34, 55, 65, 68, 81, 82, 84, 85, 87, 88	혜민서	43
		화성 행궁	72, 83, 87
존현각	9, 80	훈민정음	43, 63
좌의정	57, 58, 62, 63		
주합루	81		
즉위식	21, 80		
지리지	11		
진휼청	43, 45		

새로운 조선을 위하여

초판 1쇄 발행 2024년 06월 03일

글 김해원   **그림** 박현주
발행처 주식회사 스푼북   **발행인** 박상희   **총괄** 김남원
편집 길유진 김선영 박선정 김선혜 권새미
디자인 이지숙 권수아 정진희   **마케팅** 구혜지 박미소
출판신고 2016년 11월 15일 제2017- 000267호
주소 (03993) 서울시 마포구 월드컵북로6길 88-7 ky21빌딩 2층
전화 02- 6357- 0050(편집) 02- 6357- 0051(마케팅)
팩스 02- 6357- 0052   **전자우편** book@spoonbook.co.kr

ⓒ 김해원, 박현주 2024
ISBN 979- 11- 6581- 534- 9 (73910)

* 저작권법에 의하여 한국 내에서 보호를 받는 저작물이므로 무단 전재와 무단 복제를 금합니다.
* 잘못 만들어진 책은 구입하신 곳에서 바꾸어 드립니다.

제품명 새로운 조선을 위하여	
제조자명 주식회사 스푼북 **제조국명** 대한민국 **전화번호** 02-6357-0050	⚠ **주 의**
주소 (03993) 서울시 마포구 월드컵북로6길 88-7 ky21빌딩 2층	아이들이 모서리에 다치지
제조년월 2024년 06월 03일 **사용연령** 10세 이상	않게 주의하세요.
※ KC마크는 이 제품이 공통안전기준에 적합하였음을 의미합니다.